"UTILIS"

MÉTHODE DE COMPTABILITÉ

en partie double simplifiée

POUR HOTELS & RESTAURANTS

Par

G. GUIDA

Directeur du Grand Hôtel du Louvre et Paix

Prix : 4 Francs

MARSEILLE
IMPRIMERIE MÉRIDIONALE
119, Boulevard National, 119

1906

"UTILIS"

MÉTHODE DE COMPTABILITÉ

en partie double simplifiée

POUR HOTELS & RESTAURANTS

Par

G. GUIDA

Directeur du Grand Hôtel du Louvre et Paix

Prix : 4 Francs

MARSEILLE
IMPRIMERIE MÉRIDIONALE
119, Boulevard National, 119

1906

PREFACE

Inspiré par un sentiment de vif intéret pour notre profession, nous avons préparé spécialement pour hôtel, une méthode de Comptabilité en partie double simplifiée que nous nous permettons de soumettre à l'appréciation de MM. les propriétaires d'hôtels et de nos collègues.

Par cette méthode si simple et si claire, réunissant le « Journal » et le « Grand-Livre » on pourra se rendre compte, à n'importe quel moment, de la situation et de la marche des affaires.

Il arrive souvent qu'un propriétaire ou un directeur d'hôtel ne peuvent obtenir un résultat précis sans consulter une quantité de livres auxiliaires, et parfois pas à jour.

Notre méthode évite cette peine, et par un système très simple, donne la satisfaction de connaître le chiffre exact des affaires.

Nous sommes certains que, ce petit ouvrage dû à de longues années d'expérience et de pratique, rencontrera l'approbation de tous nos collègues, et surtout des jeunes gens qui ayant l'intention de suivre la carrière de bureau, pourront y puiser de bons principes.

Afin qu'on puisse comprendre facilement notre méthode, nous donnons un exemple pour la tenue de comptabilité, d'une personne qui achète un hôtel déjà meublé.

Celui-ci débute avec un capital dont une partie est par crédit et nous arrêtons les comptes un mois après pour prouver la facilité de cette tenue.

G. GUIDA

LE JOURNAL-GRAND-LIVRE

La première partie de notre « Journal-Grand-Livre » qui consiste en *Créditeurs*, *Débiteurs* et *Caisse* suffirait pour satisfaire toutes les exigences de notre profession.

Cependant nous avons voulu y ajouter une deuxième partie *Colonnes* de (a) à (s) pour détailler les dépenses de *Caisse Avoir*, pour que chaque branche ait son compte prêt à être vérifié.

Le classement de ces dépenses dépend tout à fait du raisonnement de la personne à qui ce travail est confié.

Nous avons remarqué souvent que les salaires du personnel sont enregistrés en bloc, tandis que nous estimons que ceux-ci doivent être classés par chaque partie spéciale et, surtout, pour la cuisine où l'œil du maître est particulièrement dirigé.

De cette façon le pour cent est exact et plus expéditif.

Folio. N° 1

…uis Gla… bar… etc. a	Débours Voyageurs o		Débours Maison p		Compte Personnel M……. q		Versements r		Compte Capital s	
"	"	"	"	"	"	"	"	"	"	"
"	"	"	"	"	"	"	"	"	"	"
"	"	"	"	"	"	"	"	"	"	"
"	"	"	"	"	"	"	"	"	100 000	"
"	"	"	"	"	"	"	"	"	"	"
"	"	"	"	"	"	"	"	"	"	"
"	"	"	"	"	"	"	"	"	"	"
"	"	"	"	"	"	"	"	"	"	"
"	"	"	"	"	"	"	"	"	5 000	"
"	"	"	"	"	"	"	"	"	"	"
"	"	"	"	"	"	"	"	"	"	"
"	"	"	"	"	"	"	"	"	1 500	"
"	"	"	"	"	"	"	"	"	"	"
"	"	"	"	"	"	"	"	"	"	"
"	"	"	"	"	"	"	"	"	"	"
"	"	"	"	"	"	"	"	"	"	"
"	"	"	"	"	"	"	"	"	"	"
350	"	"	"	"	"	"	"	"	"	"
"	"	"	"	"	"	"	"	"	"	"
300	"	"	"	"	"	"	"	"	"	"
250	"	"	"	"	"	"	"	"	"	"
"	"	"	"	"	"	"	"	"	"	"
"	"	"	"	"	"	"	"	"	"	"
"	"	"	"	"	"	"	"	"	"	"
"	"	"	"	"	"	"	"	"	"	"
"	"	"	"	"	"	"	25 000	"	"	"
900	"	"	"	"	"	"	25 000	"	106 500	"

Mois de Janvier 1906

Folio N° 1

Date		Dénomination des Encaissements et des Dépenses	Journal	Créditeurs		Débiteurs		Caisse		Cuisine Glace Charbon etc.	Cave etc.	Loyer et Contributions	[illegible]	Électricité Gaz Bougies Allumettes	Bois et Coke	Eaux	Blanchissage	[illegible]	Salaires Personnel	Gratifications Étrennes Rabais	[illegible]	Entretien		Débours		Compte Personnel M.	Versements	Compte Capital
				Doit	Avoir	Doit	Avoir	Doit	Avoir													Meubles	Immeubles	Voyageurs	Maison			
Janvier	1	Notre Capital en espèces	100.000		100.000	100.000	100.000	100.000																				
		Vente à M. A[illegible] meublé pour la somme																										
		de deux cent mille francs, dont la moitié	200.000			200.000																						
		payable au comptant (Cent mille francs)	100.000						100.000																			100.000
		et le reste payable en dix ans, à raison de	100.000		100.000																							
		10.000 francs à verser [illegible] de chaque année																										
		[illegible] Salaires	27.500		27.500	27.500																						
		Achat Cave de M. A au comptant	10.000						10.000		10.000																	
	1	Frais d'Enregistrement etc.	5.000			5.000			5.000																			5.000
		Payé 1er Semestre de Loyer	10.000						10.000			10.000																
		[illegible] de Contributions année 1906	2.500		2.500																							
		Payé Facture [illegible] meubles neufs et	1.500			1.500			1.500																			1.500
		pour [illegible]	1.500						1.500													1.500						
		Id. C[illegible] [illegible]	2.500		2.500	2.500																						
		Id. C[illegible] [illegible] liqueurs	3.075		3.075																							
		Id. C[illegible] champagne [illegible]	500		500																							
		[illegible]	175 25						175 25		175 25																	
		Marché de ce jour	350						350	350																		
		Recette Voyageur	135					135																				
	3	Marché de ce jour	300						300	300																		
		[illegible] charbon de pierre	250						250	250																		
		[illegible]	360 50						360 50				360 50															
		[illegible] bougies et allumettes	70						70					70														
	4	Recette Voyageur Rabais 10.50	350 50					350 50	10 50											10 50								
		Payé [illegible] bois à brûler	120						120						120													
		Versement au Comptoir d'Escompte	25.000			25.000			25.000																		25.000	
		à Reporter			290.575	161.500	100.000	100.485 50	150.186 25	900	10.175 25	10.000	360 50	70	120					10 50		1.500					25.000	106.500

Folio N° 2.

...isi ...gla ...par ...ele a	Débours Voyageurs o		Marchandises p		Compte Personnel M^r q		Versements r		Compte Capital s	
900	"	"	"	"	"	"	25000	"	122500	"
"	"	"	"	"	"	"	"	"	"	"
"	"	"	"	"	"	"	"	"	"	"
"	"	"	"	"	"	"	"	"	"	"
"	"	"	"	"	"	"	"	"	"	"
150	"	"	"	"	"	"	"	"	"	"
"	"	"	"	"	"	"	"	"	"	"
"	"	"	"	"	"	"	"	"	"	"
"	"	"	"	"	"	"	"	"	"	"
"	303	"	43	"	"	"	"	"	"	"
"	"	"	"	"	"	"	"	"	"	"
"	"	"	"	"	"	"	"	"	"	"
"	"	"	"	"	"	"	"	"	2,500	"
"	"	"	"	"	"	"	"	"	"	"
450	"	"	"	"	"	"	"	"	"	"
"	"	"	"	"	"	"	"	"	"	"
"	"	"	"	"	"	"	"	"	"	"
"	"	"	"	"	"	"	"	"	"	"
	"	"	"	"	"	"	"	"	"	"
"	"	"	"	"	500	"	"	"	"	"
"	"	"	"	"	"	"	"	"	"	"
	"	"	"	"	"	"	"	"	"	"
	"	"	"	"	"	"	"	"	"	"
	"	"	"	"	"	"	"	"	"	"
	"	"	"	"	"	"	"	"	"	"
500	303	"	43	"	500	"	25000	"	125000	"

...aisse   Avoir

Mois de Janvier 1906

Date	Dénomination des Encaissements et des Dépenses	Journal	Créditeurs Doit	Créditeurs Avoir	Débiteurs Doit	Débiteurs Avoir	Caisse Doit	Caisse Avoir
	Report			[illegible]	[illegible]	[illegible]	[illegible]	[illegible]
[illegible]	[illegible]	[illegible]	[illegible]	[illegible]	[illegible]	[illegible]	[illegible]	[illegible]
	Total	[illegible]	[illegible]	[illegible]	[illegible]	[illegible]	[illegible]	[illegible]
	à Déduire			[illegible]	[illegible]		[illegible]	
	à reporter à nouveau			[illegible]	[illegible]		[illegible]	

Le total des Colonnes de a à … est conforme à celui de Caisse Avoir

Mois de Février 1906

Date	Dénomination des Encaissements et des Dépenses	Journal	Créditeurs Doit	Créditeurs Avoir	Débiteurs Doit	Débiteurs Avoir	Caisse Doit	Caisse Avoir
1906 Février 1	Report à nouveau			[illegible]	[illegible]		[illegible]	

Other columns (largely illegible): Chauffage, Éclairage, Charbon etc. · Cave etc. · Loyer et Contributions · Annonces · Achat de Vins, Bougies, Allumettes · Bois et Coke · Caux · Vacances · Cotisations · Salaires, Personnel · Blanchissage, Service, Voitures · Omnibus · Entretien: Mobilier, Immeuble · Débours: Voyages, Maison · Compte Personnel · Recettes · Compte Capital

RAISONNEMENT

---

(1) *Notre capital en espèces 150.000 francs.*

La somme de 150.000 francs que nous versons, faisant partie de notre capital, nous la portons dans la Colonne *Débiteurs Doit*, car le capital est supposé tel.

Cette somme devant servir comme fond de caisse, nous créditons immédiatement le Compte Capital *Débiteurs Avoir*, pour débiter ensuite la Caisse de pareille somme *Caisse Doit.*

Le capital étant créditeur de la caisse de 150.000 francs, nous les passons également dans la colonne *Créditeurs Avoir.*

Cette quadruple variation est indispensable pour équilibrer le compte capital et notre Caisse, car nous empruntons 150.000 francs du capital pour les donner à la Caisse.

---

(2) *Acheté à M. A., l'hôtel meublé pour la somme de 200.000 francs.* Quoique cette somme n'ait pas été payée en totalité nous sommes responsables et propriétaires. Ainsi nous portons dans la Colonne *Debiteurs Doit* 200.000 francs.

La moitié payable au comptant 100.000 francs.

Cette somme ayant été payée par la caisse, nous la sortons dans la Colonne *Caisse Avoir.*

Le reste payable en 10 ans 100.000 francs.

Comme nous devons cette somme à M. A., celui-ci est notre Créditeur, ainsi nous portons dans les *Créditeurs Avoir* 100.000 francs.

---

(3) *A raison du 5 o/o d'intérêt par an sur les sommes dues à partir de chaque échéance.*

Nous devons a M. A., 27.500 francs d'interet du 1er Janvier 1906 au 31 Décembre 1915. Cette somme passe aussi au crédit de M. A., *Créditeurs Avoir* et puisque cet interet à payer fait aussi partie de notre Capital, nous la portons à *Débiteurs Doit.*

Toutes les sommes payées ou non payées appartenant au Capital et portées dans les *Débiteurs Doit*, se trouvent à notre Crédit au Bilan.

---

(4) *Acheté au comptant, cave de M. A.*

Cette somme payée par la Caisse, doit être portée immédiatement comme dépense dans la Colonne *Caisse Avoir*.

---

(5) *Frais d'enregistrement 5.000 francs.*

Payée par la Caisse, cette somme est portée également dans la Colonne *Caisse Avoir*, et faisant aussi suite de notre Capital, nous la portons à notre crédit à *Débiteurs Doit.*

---

(6) Même variation que le N° 4

---

(7) *Reçu feuille de contributions année 1906.*

Nous avons reçu la feuille nous invitant à payer 2.300 francs d'imposition pour l'année 1906.

L'époque de ce paiement étant facultative, nous l'enregistrons dans les *Créditeurs Avoir*, parce que nous devons cette somme.

(8, 9) *Nous achetons de M. B., 1.500 francs de meubles neufs et 1.500 de tapis.*

Les meubles étant neufs et en plus de ceux que nous avons trouvés dans la maison, nous les faisons sortir par *Caisse Avoir* et les ajoutons au Capital *Débiteurs Doit*, tandis que les 1.500 francs de tapis devant remplacer les vieux, nous les sortons seulement par *Caisse Avoir*, comme entretien meubles.

Nous estimons que toutes les dépenses pour l'entretien des meubles (réparations ou remplacement) soient supportées par les frais généraux, que de les augmenter au capital et déduire ensuite le 10 o/o annuellement pour dégradation du mobilier, etc.

---

(10) *Facture C., pour argenterie, etc.*

Cette facture n'ayant pas été payée, M. C. est notre créditeur, ainsi nous portons à son crédit *Créditeurs Avoir* la somme de 2.500 francs.

---

(11) Même variation.

---

(12) Même variation.

(13, 14, 16, 17, 18, 19, 21) Voir n° 4.

---

(15) Comme encaissement nous les rentrons directement en *Caisse Doit.*

---

(22) *Versement au Comptoir d'Escompte 25.000 francs.*
Le Comptoir d'Escompte étant notre Débiteur, nous portons cette somme dans la colonne *Débiteurs Doit* et en même temps nous la sortons de notre caisse *Caisse Avoir.*

---

(20) Recette voyageurs, rabais 10 fr. 50.
Nous passons intégralement en caisse la somme de 350 fr. 50 *Caisse Doit* et portons dans les dépenses *Caisse Avoir* 10 fr. 50 de rabais.

(23, 33) Voir n° 15.

(24, 25, 26, 27, 28, 29, 30, 31, 35, 36, 37, 38, 39, 41, 42). même variation que le n° 4.

---

(32) *Payé moitié Contributions.*
Nous étions redevables envers les contributions de 2.300 francs. En payant un acompte de 1.150 francs, notre dette reste la moitié, ainsi nous portons cette somme à *Créditeurs Doit* et la sortons de *Caisse Avoir.*

---

(34) Payé traite C. pour argenterie.
En payant la traite de C., notre créditeur, son compte reste balancé.
De cette façon, nous portons à son débit *Créditeurs Doit* la somme de 2500 francs,
Cette somme ayant été payée par notre caisse, nous la faisons sortir également par *Caisse Avoir.*

---

(40) Retiré du Comptoir d'Escompte 5000 francs.
Cette somme que nous prélevons du Comptoir d'Escompte, doit être portée à son crédit *Débiteurs Avoir* et la rentrer en *Caisse Doit.*

---

(43) Reçu facture de M. H., épicier.
Même variation que le n° 10.

---

(44) Devant arrêter notre gestion, nous ajoutons tous nos crédits pour que notre situation soit parfaitement exacte.

1° Notes voyageurs dûes au 31 janvier.
2° Inventaire de cave.
3° » de magasin à vivres.
4° » garde-manger, etc.

---

(45) Les inventaires étant considérés comme nos débiteurs, nous les portons à notre crédit dans la colonne *Débiteurs Doit.*

---

(46) Nous arrêtons notre comptabilité en additionnant les six colonnes.

Nous déduisons à chaque partie, *Créditeurs*, *Débiteurs* et *Caisse*, la somme la plus petite et nous avons immédiatement notre situation.

Le résultat de notre « Journal-Grand-Livre est :

On nous doit :		
Caisse....................	4.902 65	
Débiteurs divers............	268.370 95	
Nous devons :		282.880 50
Frs...	273.273 60	282.880 50
A déduire...........	» »	273.273 60
Déficit francs..........		9.606 90

Ce déficit est constaté par le fait que nous avons payé d'avance des sommes telles, le loyer et les contributions.

Nos comptes ayant été arrêtés un mois après, nous avons encore un crédit de 5 mois, qu'on pourrait défalquer de nos pertes, s'il y avait besoin.

Pour obtenir ce résultat, on ajoute, avant de clôturer les comptes et après les inventaires, le montant de ces crédits, dans la colonne *Débiteurs Doit.*

La 2me partie de notre comptabilité que nous désignons sous le titre *Dépenses détaillées*, a été expressément portée au « Journal-Grand-Livre », pour économiser des écritures et pour faciliter les recherches des dépenses de telle ou telle autre branche.

COMPTES-COURANTS

Le livre de Comptes-Courants est indispensable pour tout commerce, car il indique les détails et le mouvement de tous les comptes ayant une contre-partie.

Par exemple : Le Capital, la Caisse, les Créditeurs, Débiteurs, Cuisine, Cave, etc.

Ce n'est que par le résultat de ces comptes que nous dressons notre Bilan et qui est du reste un contrôle positif de notre « Journal Grand-Livre ».

CAPITAL

1906				
Janvier	1	Notre capital en espèces................	1	150.000 »
»	»	Acheté de M. A., l'hôtel meublé.........	1	200 000 »
»	»	Intérêt du 5 % sur 100.000 fr., payable en dix ans, annuellement................	1	27.500 »
»	»	Frais d'enregistrement.................	1	5.000 »
»	»	Facture B., pour meubles...............	1	1.500 »
»	»	» C., pour argenterie.............	1	2.500 »
			Fr.	386.500 »
Février	1	Report à nouveau.......................		236.500 »

CAPITAL

1906				
Janvier	1	Pour balance à nouveau................		150 000 »
			Fr.	150.000 »

COMPTE

1906				
Janvier	7	Recette d'après récapitulation...........		2.305 40
»	14	» »		2.560 70
»	21	» »		2.120 50
»	31	» »		3 079 40
			Fr.	10.066 »
Février	1	Report à nouveau.......................		7.500 »

1

AVOIR

1906				
Janvier	1	Versement pour fond de caisse..........		150.000 »
		Pour balance à nouveau................		236.500 »
			Fr.	386.500 »

2

1906				
Janvier	1	Versement pour fond de caisse..........	1	150.000 »
			Fr.	150.000 »
Février	1	Report à nouveau......................		150.000 »

VOYAGEURS 3

1906				
Janvier	2	Encaissement..........................	1	175 »
»	4	»	1	350 50
»	5	»	2	535 »
»	8	»	2	1.505 50
»	31	Notes Voyageurs à reporter............	2	7.500 »
			Fr.	10.066 »

DOIT

CAISSE

1906				
Janvier	1	Pour fond de caisse....................	1	150.000 »
»	2	Encaissement voyageurs................	1	175 »
»	4	» »	1	350 50
»	5	» »	2	535 »
»	8	» »	2	1.505 50
»	31	Chèque Comptoir d'Escompte	2	15.000 »
			Fr.	167.566 »
Février	1	En caisse..............................		4.902 65

CONTRIBUTIONS

1906				
Janvier	8	Payé moitié contributions...............	2	1.150 »
		Pour balance à nouveau.................		1.150 »
			Fr.	2.300 »

AVOIR

1906				
Janvier	1	Payé à M. A., moitié achat de l'hôtel.....	1	100.000 »
»	»	Acheté cave au comptant.......	1	10.000 »
»	»	Frais d'enregistrement	1	5.000 »
»	»	1er semestre loyer......................	1	10.000 »
»	»	Facture B. pour meubles et tapis........	1	3.000 »
»	2	Dépenses..................	1	475 25
»	3	»	1	991 »
»	4	»	1	120 »
»	»	Versement au Comptoir d'Escompte.....	1	25.000 »
»	5	Dépenses...........	2	210 55
»	7	»	2	598 50
»	»	Moitié contributions...................	2	1.150 »
»	31	Dépenses........................	2	6.118 05
»	»	Solde en caisse........................		4.902 65
			Fr.	167.566 »

5

1906				
Janvier	1	Feuille de contributions 1906...	1	2.300 »
			Fr.	2.300 »
Février	1	Report à nouveau.................		1.150 »

DOIT

M. A.

1906 Janvier	31	Pour balance à nouveau................		127.500 »
			Fr.	127.500 »

M. C.

1906 Janvier	31	Payé traite facture 1er janvier...........	2	2.500 »
			Fr.	2.500 »

M. D.

1906 Janvier	31	Pour balance à nouveau		3.525 »
			Fr.	3.525 »

6

AVOIR

1906 Janvier	1	Son avoir pour vente de l'hôtel..........	1	100.000	»
		Intérêts de 100.000 francs au 5 % payables en dix ans, savoir :			
		31 décembre 1906 Fr. 5.000			
		31 » 1907 » 4.500			
		31 » 1908 » 4.000			
		31 » 1909 » 3.500			
		31 » 1910 » 3.000			
		31 » 1911 » 2.500			
		31 » 1912 » 2.000			
		31 » 1913 » 1.500			
		31 » 1914 » 1.000			
		31 » 1915 » 500		27.500	»
			Fr.	127.500	»
Février	1	Report à nouveau..........................		127.500	»

7

1906 Janvier	1	Sa facture argenterie, traite 31 janvier...	1	2.500	»
			Fr.	2.500	»

8

1906 Janvier	1	Sa facture vins, traite 15 février.........	1	3.525	»
			Fr.	3.525	»
Février	1	Report à nouveau..........................		3.525	»

DOIT

M. E.

1906				
Janvier	31	Pour balance à nouveau..............		350 »
			Fr.	350 »

COMPTOIR

1906				
Janvier	1	Versement..........................	1	25.000 »
			Fr.	25.000 »
Février	1	Report à nouveau......................		10.000 »

M. H.

1906				
Janvier	31	Pour balance à nouveau................		355 50
			Fr.	355 50

CAVE

1906				
Janvier	1	Relevé cave de M. A...................	1	10.000 »
»	»	Facture D..........................	1	3.525 »
»	»	» E............................	1	350 »
»	2	Port et régie..........................	1	125 25
			Fr.	14.000 25
Février	1	Report à nouveau......................		13.700 »

9

AVOIR

1906				
Janvier	1	Sa facture champagne traite 10 Mars.....	1	350 »
			Fr.	350 »
Février	1	Report à nouveau........................		350 »

D'ESCOMPTE **10**

1906				
Janvier	31	Retiré par chèque N°	2	15 000 »
		Pour balance à nouveau...........		10.000 »
			Fr.	25.000 »

11

1906				
Janvier	31	Sa facture au 30 o/o....	2	355 50
			Fr.	355 50
Février	1	Report à nouveau......................		355 50

12

1906				
Janvier	31	Sortie de cave..........................		300 25
	»	Pour balance inventaire...		13 700 »
			Fr.	14.000 25

DOIT

CUISINE

1906				
Janvier	2	Marché................................	1	350 »
»	3	»	1	300 »
»	»	Charbon................................	1	250 »
»	7	Marché................................	2	150 »
»	31	Salaire pour Cuisine....................	2	450 »
»	31	Facture H., épicier......................	2	355 50
			Fr.	1.855 50
Février	1	Report à nouveau......................		670 95

AVOIR

1906					
Janvier	31	Sortie de Cuisine			1.184 55
		Pour balance :			
		Inventaire garde-manger	150 75		670 95
		Magasin	520 20		
				Fr.	1.855 50

BILAN

	DOIT		AVOIR	
Capital	236.500	»	»	»
»	»	»	150.000	»
Créditeurs divers : Contributions ..	»	»	1.150	»
M. A	»	»	127.500	»
M. D	»	»	3.525	»
M. E	»	»	350	»
M. H	»	»	355	50
Débiteurs : Comptes Voyageurs	7.500	»	»	»
Caisse	4 902	65	»	»
Comptoir Escompte	10.000	»	»	»
Cave	13.700	»	»	»
Cuisine	670	95	»	»
Bénéfices et pertes	9.606	90	»	»
Fr. ...	282.880	50	282.880	50

Ces comptes ayant été relevés du Livre de Comptes-Courants, sont conformes à la Situation du « Journal Grand-Livre ».

G. GUIDA.

www.ingramcontent.com/pod-product-compliance
Lightning Source LLC
LaVergne TN
LVHW010013230826
846092LV00002B/799

9782329638898